무량공덕12　　　　　　　무비스님 편저

약사여래본원경

독송(讀誦) 공덕문(功德文)

부처님은 범인(凡人)이 흉내 낼 수 없는 피나는 정진(精進)을 통해 큰 깨달음을 이루신 인류의 큰 스승이십니다. 그 깨달음으로 삶과 존재의 실상(實相)을 바르게 꿰뚫어 보시고 의미 있고 보람된 삶에 대하여 가르치셨습니다.

부처님의 가르침을 전하는 사람을 법사(法師)라고 하는데, 법화경(法華經) 법사품(法師品)에는 다섯 가지 법사에 대하여 설파하고 있습니다. 그 첫째는 경전을 지니고 다니는 사람, 둘째는 경전을 읽는 사람, 셋째는 경전을 외우는 사람, 넷째는 경전을 해설하는 사람, 다섯째는 경전을 사경하는 사람입니다. 이 중 한 가지만 하더라도 훌륭한 법사이며, "법사의 길을 행하는 사람은 부처님의 장엄(莊嚴)으로 장엄한 사람이며, 부처

님께서 두 어깨로 업어주는 사람이다." 라고 말씀하고 있으니 세상을 살아가면서 이보다 더 큰 보람과 영광이 어디에 있겠습니까?

　이번에 제작된 〈무량공덕 독송본〉은 항상 지니고 다니면서 읽고 베껴 쓸 수 있는 경전입니다. 부디 많은 분들이 이 인연 공덕에 함께 하시어 큰깨달음 이루시고 행복하시기를 기원합니다.

독송공덕수승행　무변승복개회향
讀誦功德殊勝行　無邊勝福皆廻向(독송한 그 공덕 수승하여라, 가없는 그 공덕 모두 회향하여)

보원침익제유정　속왕무량광불찰
普願沈溺諸有情　速往無量光佛刹(이 세상 모든 사람 모든 생명, 한량없는 복된 삶 누려지이다.)

　　　　불기2549(2005)년 여름안거
　　　　금정산 범어사　如天 無比 합장

불설약사여래본원경

佛說藥師如來本願經

隋 천축삼장 **달마급다** 역
天竺三藏 達摩笈多 譯

여시아문하오니 一時에 **바가바**가 유행인간이라가
如是我聞   一時 婆伽婆   遊行人間

지비사리국하사 **주악음수하**하사 **여대비구중팔천**
至毘舍離國   住樂音樹下   與大比丘衆八千

인으로 **구**하시며 **보살삼만육천**과 **국왕대신**과 **바라**
人   俱   菩薩三萬六千   國王大臣   婆羅

문거사와 천룡과 아수라와 건달바와 가루다와 긴나라와 마호라가등대중이 위요어전하고 설법하시다

門居士 天龍 阿修羅 捷達婆 伽樓茶 繁那羅 摩呼羅伽 等大衆 圍繞於前 說法

이시에 만수실리법왕자가 승불위신하고 즉 종좌기하사 편로일박하고 우슬착지하여 향바가바하여 합장곡궁하고 백언하사대 세존이시여 유원연설

爾時 曼殊室利法王子 承佛威神 卽 從座起 偏露一髆 右膝着地 向婆伽婆 合掌曲躬 白言 世尊 唯願演說

제불명호급본석소발수승대원하사대 영중생으로
諸佛名號及本昔所發殊勝大願 令衆生

문이에 업장이 소제하고 섭수여래정법괴시제중
聞已 業障 消除 攝受如來正法壞時諸衆

생고케하소서
生故

이시에 바가바가 찬만수실리동자를 언하사대
爾時 婆伽婆 讚曼殊室利童子 言

선재선재라 만수실리대자비자야 기무량비하여
善哉善哉 曼殊室利大慈悲者 起無量悲

권청아설하고 위욕의리는 종종업장의 소전중생
勸請我說 爲欲義利 種種業障 所纏衆生

으로 **요익**하고 **안락제천인고**니라 **만수실리**야 **당선**
饒益 安樂諸天人故 曼殊室利 當善

억념하고 **청아소설**하라
憶念 聽我所說

유연이니다
唯然

시에 **만수실리동자**가 **요청불설**하고 **백언**하사대
時 曼殊室利童子 樂聽佛說 白言

세존이시여 **불고만수실리**하사대 **동방**으로 **과차**
世尊 佛告曼殊室利 東方 過此

불토십항하사등하면 **불토지외**에 **유세계**하니 **명**은
佛土十恒河沙等 佛土之外 有世界 名

정유리라 피토에 유불하니 명은 약사유리광여래
淨琉璃 彼土 有佛 名 藥師琉璃光如來

응공정변지 명행족 선서 세간해 무상사
應供正遍知 明行足 善逝 世間解 無上士

조어장부천인사 불 세존이니라 만수실리야 피
調御丈夫天人師 佛 世尊 曼殊室利 彼

세존인 약사유리광여래는 본행인 보살행시에
世尊 藥師琉璃光如來 本行 菩薩行時

발십이대원이니라 하자십이오하면
發十二大願 何者十二

제일대원은 원아래세어불보리득정각시에 자
第一大願 願我來世於佛菩提得正覺時 自

신광명이 치연조요하여 무량무수무변세계에 삼
身光明 熾然照耀 無量無數無邊世界

십이장부대상과 급팔십소호로 이위장엄아신하
十二丈夫大相 及八十小好 以爲莊嚴我身

여 기이령일체중생으로 여아무이케하며
旣爾令一切衆生 如我無異

제이대원은 원아래세득보리시에 신여유리하
第二大願 願我來世得菩提時 身如琉璃

여 내외청정하고 무부하구하여 광명광대하며 위덕
內外淸淨 無復瑕垢 光明曠大 威德

치연하여 신선안주하며 염망장엄하여 과어일월하
熾然 身善安住 焰網莊嚴 過於日月

며 **약유중생**이 **생세계지간**하여 **혹부인중혼암**과
若有衆生 生世界之間 或復人中昏暗

급야에 **막지방소**어든 **이아광고**로 **수의소취**하여
及夜 莫知方所 以我光故 隨意所趣

작제사업케하며
作諸事業

제삼대원은 **원아래세득보리시**에 **이무변무한**
第三大願 願我來世得菩提時 以無邊無限

지혜방편으로 **영무량중생계**를 **수용무진**하고 **막**
智慧方便 令無量衆生界 受用無盡 莫

령일인으로 **유소소핍**케하며
令一人 有所少乏

13

제사대원은 원아래세득보리시에 제유중생이

第四大願 願我來世得菩提時 諸有衆生

행이도자어든 일체안립보리도중하고 행성문도

行異道者 一切安立菩提道中 行聲聞道

와 행벽지불도자는 개이대승으로 이안립지케하며

行辟支佛道者 皆以大乘 而安立之

제오대원은 원아래세득보리시에 약유중생이

第五大願 願我來世得菩提時 若有衆生

어아법중에 수행범행하면 차제중생이 무량무변

於我法中 修行梵行 此諸衆生 無量無邊

일체에 개득불결감하여 계구삼취하며 계무유파하

一切 皆得不缺減 戒具三聚 戒無有破

고 戒趣惡道者

계취악도자케하며

제육대원은 **원아래세득보리시**에 **약유중생**이
第六大願 願我來世得菩提時 若有衆生

기신이 **하렬**하고 **제근**이 **불구**하여 **추루완우**하거나
其身 下劣 諸根 不具 醜陋頑愚

농맹파벽하거나 **신련배구**하거나 **백나전광**하거나 **약**
聾盲跛躄 身攣背傴 白癩癲狂 若

부유여종종신병이라도 **문아명이**어든 **일체개득제**
復有餘種種身病 聞我名已 一切皆得諸

근구족하여 **신분성만**케하며
根具足 身分成滿

제칠대원은 원아래세득보리시에 약유중생이
第七大願 願我來世得菩提時 若有衆生
제환이 핍절호되 무호무의하며 무유주처하여 원리
諸患 逼切 無護無依 無有住處 遠離
일체자생의약하며 우무친속하여 빈궁가민이라도
一切資生醫藥 又無親屬 貧窮可愍
차인이 약득문아명호하면 중환실제하여 무제통
此人 若得聞我名號 衆患悉除 無諸痛
뇌하고 내지구경무상보리케하며
惱 乃至究竟無上菩提

제팔대원은 원아래세득보리시이 약유여인이
第八大願 願我來世得菩提時 若有女人

위부인하여 백악에 소핍뇌고로 염리여신하여 원
爲婦人 百惡 所逼惱故 厭離女身 願

사여형하되 전여인신하여 성장부상하고 내지구경
捨女形 轉女人身 成丈夫相 乃至究竟

무상보리케하며
無上菩提

제구대원은 원아래세득보리시에 영일체중생
第九大願 願我來世得菩提時 令一切衆生

으로 해탈마망하고 약타종종이견조림이라도 실당
解脫魔網 若墮種種異見稠林 悉當

안립하고 치어정견하여 차제로 시이보살행문케하며
安立 置於正見 次第 示以菩薩行門

제십대원은 第十大願 願我來世得菩提時 若有衆生이 약유중생이 종종왕법에 種種王法 繫縛鞭撻 계박편달하고 牢獄應死 뇌옥응사하며 無量災難에 無量災 難 悲憂煎迫 비우전박하고 身心受苦 신심수고어든 此等衆生 차등중생을 以我福力 이아복력으로 皆得解脫一切苦惱 개득해탈일체고뇌케하며

십일대원은 十一大願 願我來世得菩提時 원아래세득보리시에 若有衆生이 약유중생이 飢 기하여 火燒身 화소신하며 爲求食故 위구식고로 作諸惡業 작제악업이어든 我

어피소에 선이최묘색향미식으로 포족기신하고 於彼所 先以最妙色香味食 飽足其身

후이법미로 필경안락이건립지케하며 後以法味 畢竟安樂而建立之

십이대원은 원아래세득보리시에 약유중생이 十二大願 願我來世得菩提時 若有衆生

빈무의복하여 한열과 문맹이 일야핍뇌어든 아당 貧無衣服 寒熱 蚊虻 日夜逼惱 我當

시피수용의복호되 종종잡색을 여기소호하고 역 施彼隨用衣服 種種雜色 如其所好 亦

이일체보로 장엄하며 구화만도향하고 고악중기 以一切寶 莊嚴 具花鬘塗香 鼓樂衆伎

로 隨諸衆生하여 **수제중생**하여 **소수지구**를 所須之具 皆令滿足 **개령만족**케하소서하니

此十二大願 **차십이대원**은 **시피세존 약사유리광여래** 是彼世尊 藥師琉璃光如來

應正遍知 **응정 변지**가 **행보살시**의 行菩薩時 **본석소작**이니라 本昔所作

復次曼殊室利 **부차만수실리**야 **약사유리광여래**의 **소유제** 藥師琉璃光如來 所有諸

願과 **급피불토**의 **공덕장엄**을 **내지궁겁**이라도 **설** 及彼佛土 功德莊嚴 乃至窮劫 說

不可盡이니라 彼佛國土 一向淸淨 無如人形 **불가진**이니라 **피불국토**는 **일향청정**하고 **무여인형**

하여 이제욕악하며 離諸欲惡 又無一切惡道苦聲 우무일체악도고성이니라 유리 琉璃

위지하고 爲地 城闕 성궐과 垣墻 원장과 門窓 문창과 當閣 당각과 柱樑 주량과

두공과 斗共 주잡과 周匝 羅網 나망과 皆七寶成 개칠보성이라 如極樂國 여극락국

정유리계하여 淨琉璃界 莊嚴如是 장엄여시니라 於其國中 어기국중에 有二菩 유이보

살마하살하니 薩摩訶薩 一名 일명은 日光 일광이요 二名 이명은 月光 월광이라 於

피무량무수제보살중에 彼無量無數諸菩薩衆 最爲上首 최위상수하여 持彼世尊 지피세존

약사유리광여래의 **정법지장**이니라 **시고**로 **만수**
藥師琉璃光如來 正法之藏 是故 曼殊

실리야 **신심선남자선여인**은 **응당원생피불국**
室利 信心善男子善女人 應當願生彼佛國

토니라
土

이시에 **세존**이 **부고만수실리동자언**하사대 **만수**
爾時 世尊 復告曼殊室利童子言 曼殊

실리야 **혹유중생**이 **불식선악**하고 **다탐무염**하여 **부**
室利 或有衆生 不識善惡 多貪無厭 不

지보시와 **급시과보**하고 **우치**와 **무지**로 **궐어신근**
知布施 及施果報 愚癡 無智 闕於信根

하여 **취재호석**하고 聚財護惜 **불욕분시**하나니 不欲分施 **차등중생**은 무

시심고로 施心故 **견결자래**하고 見乞者來 **기심불희**호되 其心不喜 **여할신육**하 如割身肉

며 **부유무량간탐중생**하여 復有無量慳貪衆生 **자불수용**이라도 自不受用 **역불욕** 亦不欲

여부모처자온 與父母妻子 **황노비작사**와 況奴婢作使 **급여걸인**가 及餘乞人 **차등중**
此等衆

생은 **인간명종**하고 生 人間命終 **생아귀도**커나 生餓鬼道 **혹축생도**하나니라 或畜生道

유석인간의 由昔人間 **증득문피약사유리광여래명호**고로 曾得聞彼藥師琉璃光如來名號故

혹재귀도하며 혹축생도라도 여래명호를 잠득현
或在鬼道 或畜生道 如來名號 暫得現
전하면 즉어염시에 피처명종하고 환생인도하나니
前 即於念時 彼處命終 還生人道
득숙명지하면 포외악취하여 불요욕락하고 호행혜
得宿命智 怖畏惡趣 不樂欲樂 好行慧
시하며 찬탄시자하고 일체소유를 실능사시하여 점
施 讚歎施者 一切所有 悉能舍施 漸
이두목수족혈육신분을 개여구자온 황여재물
以頭目手足血肉身分 皆與求者 況餘財物
이리요

부차만수실리야 復次曼殊室利 유제중생이 有諸衆生 수봉여래수지 雖奉如來受持
학구나 연이나 學句 然 파계파행하며 破戒破行 파어정견하고 혹수 破於正見 或受
학구하여 學句 호지금계나 연이나 護持禁戒 然 불구다문하여 不求多聞 불해여 不解如
래소설수다라중심심지의하며 혹부다문이증상 來所說修多羅中甚深之義 或復多聞而增上
만하여 자시비타하여 협방정법하며 위마반당하나니 慢 自是非他 嫌謗正法 爲魔伴黨
차등치인과 급여무량백천구지나유타중생의 행 此等癡人 及餘無量百千俱胝那由他衆生 行

사도자는 당타지옥하나니 차등중생의 응어지옥
邪道者 黨墮地獄 此等衆生 應於地獄

유전은 무기이피세존 약사유리광여래명호고
流轉 無期以彼世尊 藥師琉璃光如來名號故

니라 어지옥처라도 피불의 위력인 여래명호잠득
於地獄處 彼佛 威力 如來名號暫得

현전하면 즉시사명하고 환생인도하여 정견정진하
現前 即時捨命 還生人道 正見精進

며 순선정심하여 변능사가하며 어여래교중에 출가
淳善淨心 便能捨家 於如來教中 出家

학도하여 점차수행보살제행하나니라
學道 漸次修行菩薩諸行

부차만수실리야 혹유중생이 이투기고로 단
復次曼殊室利 或有衆生 以妬忌故 但

자칭찬하고 불찬타인하나니 차제중생은 이자고
自稱讚 不讚他人 此諸衆生 以自高

경타고로 어삼악도에 무량천세를 수제고독하나
經他故 於三惡道 無量千歲 受諸苦毒

니라 과무량천세이하고 어피명종이라도 생축생
過無量千歲已 於彼命終 生畜生

취하여 작우마타로하여 편장추격하고 기갈핍뇌하
趣 作牛馬駝驢 鞭杖捶擊 飢渴逼惱

며 신부중담하고 수로이행하며 약생인도라도 상
身負重擔 隨路而行 若生人道 常

거하천하며 위인노비하여 수타구역하나니라 약석
居下賤 爲人奴婢 受他驅役 若昔

인중에 문피세존 약사유리광여래의 명호자는
人中 聞彼世尊 藥師琉璃光如來 名號者

이차선근으로 중고해탈하고 제근맹리하여 총혜
以此善根 衆苦解脫 諸根猛利 聰慧

박식으로 항구선본하며 득여량우하여 상상수축
博識 恒求善本 得與良友 常相隨逐

하여 능단마견하고 파무명각하며 갈번뇌하하고 해
能斷魔罥 破無明殼 竭煩惱河 解

탈일체생로병사와 우비고뇌니라
脫一切生老病死 憂悲苦惱

부차만수실리야 유제중생이 호희괴리하며
復次曼殊室利 有諸衆生 好喜乖離

갱상투송하나니 차등은 요기악심하여 중생의 신
更相鬪訟 此等 樂起惡心 衆生身

구급의에 항작제악하여 위욕상손하며 각각상이
口及意 恒作諸惡 為欲相損 各各常以

무익상가하고 혹고임신수신산신총신과 종종별
無益相加 或告林神樹神山神塚神 種種別

신하고 살제축생하여 취기혈육하여 제사일체야
神 殺諸畜生 取其血肉 祭祀一切夜

차나찰과 식혈육자하고 서원인자하여 병작기형
叉羅刹 食血肉者 書怨人字 并作其形

하고 **성취종종독해주술**하며 **염매고도**와 **기시귀**
成就種種毒害呪術　　　　　　厭魅蠱道　起屍鬼

주로 **욕단피명**과 **급괴기신**이라도 **유문세존 약사**
欲斷彼命　　及壞其身　　　　由聞世尊藥師

유리광여래명호고로 **차제악사**는 **부능상손**하고
琉璃光如來名號故　　此諸惡事　不能傷損

주呪
欲斷彼命

개득요기 자심 익심 무혐한심하여 각각환열
皆得樂起　慈心　益心　無嫌恨心　　　各各歡悅

하여 **개상섭수**하나니라
皆相攝受

부차만수실리야 **차제사중**인 **비구**와 **비구니**
復此曼殊室利　　此諸四衆　　比丘　　比丘尼

와 우바새와 우바사와 급여신심인 선남자와 선여인등이 수팔분재하고 혹부일년이나 혹부삼월을 수지제계하면 이차선근으로 수소희락하며 수소원 구하나니라 약욕왕생서방극락세계 아미타여래 소자는 유득문피세존 약사유리광여래의 명호 고로 어명종시에 유팔보살이 승공이래하여 시기

도경하며 즉어피계의 종종리색바두마화중에 자
道徑 卽於彼界 種種異色婆頭摩花中 自

연화생하나니라
然化生

약부차인이 욕생천상하면 즉득왕생하나니 본석
若復此人 欲生天上 卽得往生 本昔

선근이 무유궁진불부갱생제여악취하나니라 천상
善根 無有窮盡不復更生諸餘惡趣 天上

명진하면 당생인간하여 위전륜왕하여 사주자재하
命盡 當生人間 爲轉輪王 四洲自在

여 **안립무량** 백천구지나유타중생어십선업도
安立無量 百千俱胝那由他衆生於十善業道

하며 或復生於刹利大族과 婆羅門大族 居士大

가하여 **금은속백**이 **창고영만**하며 **형색**이 **구족**하고
家 金銀粟帛 倉庫盈滿 形色 具足

자재구족하며 **권속**이 **구족**하여 **용건다력**호미 **여래**
自在具足 眷屬 具足 勇健多力 如來

력사하리라 **약유여인**이 **득문설차여래명호**하고 **지**
力士 若有女人 得聞說此如來名號 至

심수지하면 **차인**은 **어후**에 **영리여신**하리라
心受持 此人 於後 永離如身

부차만수실리야 **피약사유리광여래득보리시**
復次曼殊室利 彼藥師琉璃光如來得菩提時

의 **유본원력**으로 **관제유정**호니 **우중병고**하여 **수학간소**와 **황열등병**하며 혹**피염매고도소중**하고 혹**부단명**하며 혹시**횡사**라 **욕령시등**의 **병고소제**하고 **소구원만**케하리라하시고 시에 **피세존**이 **입삼마지**하시니 **명왈멸제일체중생고뇌**니라 **기입정이**하시니 **어육계중**에서 **출대광명**하사 **광중**에사 **연설대다라**

由本願力 觀諸有縱 遇重病苦 瘦瘠 幹消 黃熱等病 或被厭魅蠱道所中 或 復短命 或時橫死 欲令是等 病苦消祭 所求圓滿

時 彼世尊 入三摩地

名曰滅除一切衆生苦惱

既入定已

光中 演說大陀羅

34

니 하시니 曰 **왈 나무바가바제 비살사구로벽유**
尼 南無薄伽伐帝 鞋殺社窶嚕薛瑠

리 바라바아라사야다타아다야 아라하제
璃 鉢喇婆喝囉闍也咀他揭多也 呵囉喝帝

삼먁삼불타야 다냐타옴 비살서비살서 비
三藐三勃陀也 咀姪他唵 鞞殺逝鞞殺逝 鞞

살사삼모아제 사바하 이시광명이 설차주이
殺社三沒揭帝 莎婆訶 爾時光明 說此呪已

하시니 **대지진동**하며 **방대광명**하사 **일체중생**의 **병**
大地震動 放大光明 一切衆生

고개제하고 **수안온락**하니라
苦皆除 受安穩樂

만수실리야 曼殊室利 **약견남자여인**의 若見男子女人 **유병고자**어든 有病苦者

응당일심으로 應當一心 **위피병인**하여 爲彼病人 **청정조수**하고 淸淨澡漱 **혹식** 或食

혹약하여 或藥 **혹무충수**로 或無蟲水 **주일백팔번**하고 呪一百八遍 **여피복식** 與彼服食

이면 **소유병고**가 所有病苦 **실개소멸**하리라 悉皆消滅 **약유소구**어든 若有所求 至

심염송하면 心念誦 **개득여의**하여 皆得如意 **무병연년**하리며 無病延年 **명종지** 命終之

후에 後 **생피세계**하여 生彼世界 **득불퇴전**하고 得不退轉 **내지보리**하리라 乃至菩提

시고로 만수실리야 약유남자여인이 어피약사 유리광여래에게 지심으로 은중공경공양자는 상 是故 曼殊室利 若有男子女人 於彼藥師 琉璃光如來 至心 慇重恭敬供養者 常

지차주하고 물령폐망하라 持此呪 勿令廢忘

부차만수실리야 약유정신남자여인하여 득문 復次曼殊室利 若有淨信男子女人 得聞

약사유리광여래 응공정등각의 소유명호하고 藥師琉璃光如來 應供正等覺 所有名號

문이송지하되 신작치목하여 조수청정하고 이제 聞而誦持 晨嚼齒木 澡漱淸淨 以諸

37

향화와 말향소향도향으로 작중기악하여 공양형상하고 어차경전을 약자서하거나 약교인서하여 일심수지어든 청문기의하고 어피법사를 응수공양하되 일체소유자신지구를 실개시여하여 물령핍소하라 여시면 변몽제불호념하여 소구원만하며 내지무상보리하리라

香火와 末香燒香塗香 作衆伎樂 供養形像 於此經典 若自書 若教人書 一心受持 聽聞其義 於彼法師 應修供養 一切所有資身之具 悉皆施與 勿令乏少 如是면 便蒙諸佛護念 所求圓滿 乃 至無上菩提

이시에 **만수실리동자**가 **백불언**하사대 **세존**이시여
爾時 曼殊室利童子 白佛言 世尊

아어후시에 **이피세존 약사유리광여래**의 **명호**
我於後時 以彼世尊 藥師琉璃光如來 名號

를 **어신심선남자선여인**이 **소종종방편**으로 **유포**
於信心善男子善女人 所種種方便 流布

령문하여 **내지수중**이라도 **역이불명**으로 **각오기이**하
令聞 乃至睡中 亦以佛名 覺悟其耳

며 **약수지차경**하여 **독송선설**하며 **혹부위타**하여 **분**
若受持此經 讀誦宣說 或復爲他 分

별개해하며 **약자서**하거나 **약령인서**하며 **약취경권**
別開解 若自書 若令人書 若取經卷

하여 오색정채로 이성과지하며 세소정처에 이안
五色淨綵 以盛裹之 灑掃淨處 以安

치지하며 지종종화와 종종향과 도향과 화만과 보
置之 持種種花 種種香 塗香 花鬘 寶

당과 번개로 이용공양하면 이시의 사대천왕이 여
幢幡盖 而用供養 爾時 四大天王 與

기권속과 병여백천구지나유타의 제천이 개예
其眷屬 幷餘百千俱胝那由他 諸天 皆詣

기소하며 약차경권유행지처에 약부유인이 송지
其所 若此經卷流行之處 若復有人 誦持

차경하며 이득문피세존 약사유리광여래명호
此經 以得聞彼世尊 藥師琉璃光如來名號

와 급본석소발수승대원고로 당지시처에 무부

횡사하며 역부불위제귀의 소지탈기혼백이니 설

及本昔所發殊勝大願故 當知是處 無復

橫死 亦復不爲諸鬼 所持奪其魂魄 設

이탈자라도 환부여고니다

已奪者 還復如故

불언하사대 여시여시니 만수실리야 여여소설이

佛言 如是如是 曼殊室利 如汝所說

니라 만수실리야 신심선남자선여인이 약욕공양

曼殊室利 信心善男子善女人 若欲供養

피여래자컨덴 차인은 응작여래형상하고 칠일칠

彼如來者 此人 應作如來形像 七日七

야에 **수팔분재**하며 **식청정식**하고 **어청정처**에 산
夜 受八分齋　食淸淨食　於淸淨處 散

종종화하며 **소종종향**하고 **이종종증채**와 **종종번**
種種華　燒種種香　以種種繒綵　種種幡

당으로 **장엄기처**하며 **조욕청결**하고 **착신정의**하며
幢　莊嚴其處　澡浴淸潔　着新淨衣

응생무구탁심과 **무노해심**과 **어일체중생**의 **기**
應生無垢濁心　無怒害心　於一切衆生 起

이익심자비희사평등지심하고 **고악가찬**하며 **우요**
利益心慈悲喜捨平等之心　鼓樂歌讚　右繞

불상하고 **응념피여래**의 **본석대원**하고 **병해석차**
佛像　應念彼如來　本昔大願　幷解釋此

42

경하면 여소사념하고 여소원구하며 일체소욕으로 經 如所思念 如所願求 一切所欲

개득원만하여 구장수에 득장수하며 구복보에 득 皆得圓滿 求長壽 得長壽 求福報 得

복보하며 구자재에 득자재하며 구남녀에 득남녀 福報 求自在 得自在 求男女 得男女

니라 혹부유인이 홀득악몽하거나 혹견제악상하거나 或復有人 忽得惡夢 或見諸惡相

혹괴조내집 어기주소하여 백괴출현커던 차인이 或怪鳥來集 於其住所 百怪出現 此人

약능이종종중구로 공양공경피약사유리광여래 若能以種種衆具 供養恭敬彼藥師琉璃光如來

자하면 **일체악몽악상**과 **불길상사**가 **개실은몰**하며 一切惡夢惡相 不吉祥事 皆悉隱沒

者

혹유수포화포도포독포와 **현험지포**와 **악상사자**와 或有水怖火怖刀怖毒怖 懸嶮之怖 惡象師子 虎狼熊羆 毒蛇惡헐 蜈蚣蚰蜒

호랑웅비와 **독사악헐**과 **오공유정**의 **여시등포**어든 **억념공양피여래자**하면 **일체포외**를 **개득해탈**하며 憶念供養彼如來者 一切怖畏 皆得解脫

약타국이 **침요**하거나 **적도반란**의 **여시등포** 若他國 侵擾 賊盜反亂 如是等怖

어든 **역응념피여래**하여 **공경존중**하라 亦應念彼如來 恭敬尊重

44

부차만수실리야 약유신심선남자선여인이 내
復次曼殊室利 若有信心善男子善女人 乃

지진형토록 수삼귀의하고 불사여천하며 혹지오계
至盡形 受三歸依 不事餘天 或持五戒

하거나 혹지십계하거나 혹지보살일백사계하거나 혹
或持十戒 或持菩薩一百四戒 若比丘尼

부출가하여 수지비구이백오십계하며 약비구니가
復出家 受持比丘二百五十戒

수지오백계하여 어수소수중에 훼범금계하여 외
受持五百戒 於隨所受中 毀犯禁戒 畏

타악도라도 약능공양피세존약사유리광여래자
墮惡道 若能供養彼世尊藥師琉璃光如來者

하면 **결정불수삼악도보**하니라 **혹유여인**이 **임당산**

시하여 **수어극고**라도 決定不受三惡道報 或有女人 臨當産

時 受於極苦 **약능칭명공양피세존약사**

유리광여래자하면 若能稱名供養彼世尊藥師

琉璃光如來者 **속득해탈**하여 **소생지자**가 **신**

速得解脫 所生之子 身

분이 **구족**하고 **형색**이 **단정**하여 **견자환희**하며 **이**

分 具足 形色 端正 見者歡喜 利

근총명하고 **안온소병무유비인**이 **탈기혼백**하리라

根聰明 安穩少病無有非人 奪其魂魄

이시에 **세존**이 **고혜명아난언**하사대 **아난**아 **여아**

爾時 世尊 告慧命阿難言 阿難 如我

칭양피세존약사유리광여래의 소유공덕으로 여
稱揚彼世尊藥師琉璃光如來 所有功德 汝

신수야아 여어여시제불여래의 심심경계에 다생
信受耶 汝於如是諸佛如來 甚深境界 多生

의혹하리라
疑惑

시에 혜명아난이 백불언하사대 세존이시여 아
時 慧命阿難 白佛言 世尊 我於

여래의 소설법중에 무부의혹하니이다 하이고오 일
如來 所說法中 無復疑惑 何以故 一

체여래의 신구의행은 무불청정하니이다 세존이시여
切如來 身口意行 無不淸淨 世尊

차일월은 유여시대신통하며 유여시대위력하여
此日月 有如是大神通 有如是大威力

가령타락수미산왕이라도 가득이동하리니 제불소
可令墮落須彌山王 可得移動 諸佛所

언은 무유차이니이다 대덕세존이시여 혹유중생의
言 無有差異 大德世尊 或有衆生

신근이 불구하여 문설여래의 불경계이하고 작시
信根 不具 聞說如來 佛境界已 作是

사유하대 운하로 단념피여래명호하면 획이허공
思惟 云何 但念彼如來名號 獲爾許功

덕이리오하여 심불신수하고 생어비방하면 차등은
德 心不信受 生於誹謗 此等

장야에 무의요익하고 당타고취하나이다 불언하사대
長夜 無義饒益 當墮苦趣 佛言

아난아 약피여래의 소유명호를 입기이중하면
阿難 若彼如來 所有名號 入其耳中

차인이 타악도자라도 무유시처니라 아난아 제불
此人 墮惡道者 無有是處 阿難 諸佛

경계는 성위난신이어늘 여금신수하니 응지개시
境界 誠爲難信 汝今信受 應知皆是

여래위력이니라 비일체성문과 벽지불지의 소
如來威力 非一切聲聞 辟支佛地 所

능신수오 유제일생보처인 보살마하살이니라 아
能信受 唯除一生補處 菩薩摩訶薩 阿

49

난아 인신을 난득이오 어삼보중에 신경존중을 難人身 難得 於三寶中 信敬尊重

역난가득이나 문피여래명호는 배난어차니라 아 亦難可得 聞彼如來名號 倍難於此 阿

난아 피세존약사 유리광여래의 무량보살행과 難 彼世尊藥師 琉璃光如來 無量菩薩行

무량제교편과 무량광대원을 아욕일겁이나 약과 無量諸巧便 無量曠大願 我欲一劫 若過

일겁토록 설피여래의 보살행원하여 내지궁겁이라 一劫 說彼如來 菩薩行願 乃至窮劫

도 피세존약사유리광여래의 본석소행과 급수승 彼世尊藥師琉璃光如來 本昔所行 及殊勝

대원을 역불구진하나니라
大願 亦不究盡

이시중중에 유보살마하살하니 명왈구탈이라 즉
爾時衆中 有菩薩摩訶薩 名曰救脫

종좌기하여 편로일박하고 우슬착지하여 향바가바
從座起 偏露一髆 右膝着地 向婆伽婆

하고 합장곡궁하여 백언하사대 대덕세존이시여 어미
合掌曲躬 白言 大德世尊 於未

래세에 당유중생이 신영중병장환하여 이수하며
來世 當有衆生 身嬰重病長患 羸瘦

불식으로 기갈하여 후순이 간조하며 사상현전하여
不食 飢渴 喉脣 乾燥 死相現前

목무소견하고 부모친권과 붕우지식이 제읍위요하며 기인이 시형으로 와재본처어든 염마가 사인으로 인기신식하여 치어염마법왕지전하며 차인배후에 유동생신하니 수기소작하여 약죄약복을 일체개서하고 진지수여염마법왕하면 시에 염마법왕이 추문기인하여 산계소작수선수악하여 이처

目無所見 父母親眷 朋友知識 啼泣圍繞 其人 屍形으로 臥在本處 閻摩 使人 引其神識 置於閻摩法王之前 此人背後 有同生神 隨其所作 若罪若福 一時 閻摩法 切皆書 盡持授與閻摩法王 王이 推問其人 算計所作隨善隨惡 而處

분지하나니 약능위차병인하여 귀의피세존약사유리광여래케하고 여법공양하면 즉득환복하리라 차인
分之 若能爲此病人 歸依彼世尊藥師琉璃光如來 如法供養 卽得還復 此人
신식이 득회환시에 여종몽각하여 개자억지하나니
神識 得廻還時 如從夢覺 皆自憶之
혹경칠일하거나 혹이십일일과 혹삼십오일과 혹사
或經七日 或二十一日 或三十五日 或四
십구일에 신식환이하여 구역소유선악업보하여
十九日 神識還已 具憶所有善惡業報
내자증고로 내지실명히 부조악업하나이다 시고로
乃自證故 乃至失命 不造惡業 是故

신심선남자선여인은　응당공양약사여래니이다
信心善男子善女人　應當供養藥師如來

이시에 혜명아난이 문구탈보살언하사대 선남자여
爾時 慧命阿難 問救脫菩薩言　善男子

응운하공양피세존약사유리광여래야닛고 구탈
應云何供養彼世尊藥師琉璃光如來也　救脫

보살이 언하사대 대덕아난이여 약유환인하여 욕탈
菩薩言　大德阿難　若有患人　欲脫

중병인댄 당위차인하여 칠일칠야를 수팔분재하고
重病　當爲此人　七日七夜　受八分齋

이음식과 종종중구를 수력소판하여 공양비구승
以飮食　種種衆具　隨力所辦　供養比丘僧

의 **주야육시**하고 **예배공양피세존약사유리광여**
畫夜六時 禮拜供養彼世尊藥師琉璃如
래하며 **사십구번**을 **독송차경**하고 **연사십구등**이니
來 四十九遍 讀誦此經 然四十九燈

응조칠구피여래상하고 **일일상전**에 **각치칠등**하며
應造七軀彼如來像 一一像前 各置七燈

일일등량이 **대여거륜**하여 **혹부내지사십구일**토록
一一燈量 大如車輪 或復乃至四十九日

광명이 **부절**케하며 **당조오색채번**호되 **장사십구척**
光明 不絶 當造五色綵幡 長四十九尺
이니라

부차대덕아난이여 復次大德阿難 관정찰리왕등의 灌頂刹利王等 약재난 若災難

기시는 소위인민질역난과 타방침핍난과 자계
起時 所謂人民疾疫難 他方侵逼難 自界

반역난과 성수변괴난과 일월박식난과 비시풍
反逆難 星宿變怪難 日月薄蝕難 非時風

우난과 과시불우난이니 이시에 차관정찰리왕이
雨難 過時不雨難 爾時 此灌頂刹利王

당어일체중생에게 기자민심하여 사제계폐하고 의
當於一切象生 起慈愍心 赦諸繫閉 依

전소설공양법식하여 공양피세존약사유리광여
前所說供養法式 供養彼世尊藥師琉璃光如

래하면 시의 관정찰리왕의 용차선근이 유피세존 來 時 灌頂刹利王 用此善根 由彼世尊

약사유리광여래의 본석승원고로 기왕경계가 즉 藥師琉璃光如來 本昔勝願故 其王境界卽

득안온하고 풍우이시하여 화가성취하며 국토풍숙 得安隱 風雨以時 禾稼成就 國土風熟

하여 일체국계의 소유중생이 무병안락하고 다생 一切國界 所有衆生 無病安樂 多生

환희하며 어기국계에 역무야차나찰비사사등제 歡喜 於其國界 亦無夜叉羅刹毘舍闍等諸

악귀신의 요란중생하며 소유악상이 개즉불현하며 惡鬼神 擾亂衆生 所有惡相 皆卽不現

피관정찰리왕의 수명과 색력이 무병자재하여 병
彼灌頂刹利王 壽命 色力 無病自在 竝

득증익하리라
得增益

아난이여 약제후비주와 저군왕자와 대신재
阿難 若帝后妃主 儲君王子 大臣宰

상과 궁중미녀와 백관여서가 위병소고와 급여
相 宮中美女 百官黎庶 爲病所苦 及餘

액난이어든 역응경조여래형상하여 독송차경하고
厄難 亦應敬造如來形像 讀誦此經

연등조번하고 방제생명하여 지성공양하고 소향
然燈造幡 放諸生命 至誠供養 燒香

산화하면 즉득병고소제하며 해탈중난하리라

散花 即得病苦消除 解脫衆難

이시에 혜명아난이 문구탈보살언하사대 선남

爾時 慧命阿難 問救脫菩薩言 善男

자운하로 이진지명을 이가갱연이닛고 구탈보

子云何 已盡之命 而可更延 救脫菩

살언하사대 아난이여 여기불문여래소설구횡

薩言 阿難 汝豈不聞如來所說九橫

사야 시고로 교이주약방편이시니라 혹유중생이

死耶 是故 教以呪藥方便 或有衆生

득병비중이나 연이나 무의약급간병인혹부의인

得病非重 然 無醫藥及看病人或復醫人

이 요치실소하여 비시이사하면 시위초횡이니라 第제
療治失所　　　　　非時而死　是爲初橫

이횡자는 왕법소살이오 제삼횡자는 유렵방일하고
二橫者　王法所殺　　　第三橫者　遊獵放逸

음취무도하여 위제비인의 해기혼백이며 제사횡
姪醉無度　爲諸非人　　　害其魂魄　　第四橫

자는 위화소소며 제오횡자는 위수소익이며 제육
者　　爲火所燒　第五橫者　　爲水所溺　　第六

횡자는 입사자호표제악수중이며 제칠횡자는 기
橫者　入獅子虎豹諸惡獸中　　　第七橫者　飢

갈소곤에 부득음식하여 인차치사며 제팔횡자는
渴所困　不得飮食　　　因此致死　第八橫者

엽도독약으로 기시귀등지소손해며 제구횡자는
厭禱毒藥 起屍鬼等之所損害 第九橫者

투암취사니라 시명은 여래약설대횡에 유차구
投巖取死 是名 如來略說大橫 有此九

종이어니와 기여에 부유무량제횡하니라
種 其餘 復有無量諸橫

부차아난이여 피염마왕이 부록세간소유명적
復次阿難 彼琰魔王 簿錄世間所有名籍

하여 약제유정의 불효오역과 훼욕삼보와 괴군
若諸有情 不孝五逆 毀辱三寶 壞君

신법과 파어금계어든 염마법왕이 수죄경중하여 고
臣法 破於禁戒 琰魔法王 隨罪輕重 考

이벌지 하나니라 시고로 아금권청유정하여 연등조
而罰之 是故 我今勸請有情 燃燈造
번과 방생수복하여 영도고액케하고 부조중난하리라
幡 放生修福 令度苦厄 不遭衆難
이시중중에 유십이야차대장하여 구재회좌하니
爾時衆中 有十二夜叉大將 俱在會坐
소위궁비라대장이며 발절라대장이며 미가라대장
所謂宮毘羅大將 跋折羅大將 迷佳羅大將
이며 안나라대장이며 안달라대장이며 마열라대장
安捺羅大將 安怛羅大將 摩涅羅大將
이며 인타라대장이며 바이라대장이며 마호라대장
因陀羅大將 波異羅大將 摩呼羅大將

진달라대장이며 眞達羅大將 초도라대장이며 招度羅大將 비계라대장이다 鼻羯羅大將

차등십이야차대장 此等十二夜叉大將 一一 各有七千夜叉 하여

이위권속이러니 以爲眷屬 皆同一聲 白世尊言 我等

이 금자에 今者 蒙佛威力 得聞世尊藥師琉璃光如

래명호이 來名號已 하오니 不復更有惡道之怖 러니와 我今相

여개동일심으로 與皆同一心 乃至壽盡토록 歸依佛歸依法歸依

몽불위력하와 득문세존약사유리광여

개동일성으로 백세존언하대 아등

불부갱유악도지포러니와 아금상

내지수진토록 귀의불귀의법귀의

승하여 **개당하부일체중생**하고 **위작의리**하여 **요익**

僧하여 皆當荷負一切衆生 爲作義利 饒益

안락케하며 **수어하등촌성취락**과 **아난나처**에 **약**

安樂 隨於何等村城聚落 阿難拏處 若

유포차경하거나 **부지피세존약사유리광여래명**

流布此經 復持彼世尊藥師琉璃光如來名

호하여 **친근공양자**를 **아등권속**이 **위호시인**하여

號 親近供養者 我等眷屬 衛護是人

개사해탈일체고난케하며 **제유소구**를 **실령만족**케

皆使解脫一切苦難 諸有所求 悉令滿足

하리이다

이시에 세존이 찬제야차대장언하사대 선재선
爾時 世尊 讚諸夜叉大將言 善哉善

재라 대야차장아 여등이 약념피세존약사유리
哉 大夜叉將 汝等 若念彼世尊藥師琉璃

광여래은덕자어든 당념요익일체중생하라
光如來恩德者 當念饒益一切衆生

이시에 혜명아난이 백불언하오대 세존이시여 차
爾時 慧命阿難 白佛言 世尊 此

경은 하명이며 운하봉지이닛고 불언하사대 아난아 차
經 何名 云何奉持 佛言 阿難 此

법문자명위약사유리광여래본석소발수승대원
法門者名爲藥師琉璃光如來本昔所發殊勝大願

이라하며 當如是持 **당여시지**며 **명위십이야차대장자서**라하니

당여시지며 **명위정일체업장**이라하니 **당여시지**니라 當如是持 名爲十二夜叉大將自誓 當如是持 名爲淨一切業障 當如是持

시에 **바가바**가 **설시어이**하시니 諸菩薩摩訶薩과 時婆伽婆 說是語已

제대성문과 **국왕대신**과 **바라문거사**와 **급일체** 諸大聲聞 國王大臣 婆羅門居士 及一切

대중과 **아수라**와 **건달바등**이 **문불소설**하고 **환** 大衆 阿修羅 捷達婆等 聞佛所說 歡

희봉행하니라 喜奉行

불설약사여래본원경
佛說藥師如來本願經

끝

한글 약사여래본원경

무비스님

나는 이와 같이 들었습니다.

한 때 바가바께서 인간세계를 돌아다니시다가 비사리국에 이르러서는 악음수 아래 머물러 있었습니다. 그 때 큰 비구 중 팔천인이 함께 있었으며 보살마하살 삼만육천인과 국왕·대신·바라문거사·천룡·아수라·건달바·가루라·긴나라·마호가라 등의 수많은 대중이 앞에 둘러서 있는데서 설법하셨습니다.

이 때 만수실리 법왕자가 부처님의 위신의 힘을 받고 곧 자리에서 일어나서 한쪽 어깨를 드러내고 바른쪽 무릎을 땅에 꿇고 바가바를 향해서 합장하고 몸을 굽혀 예배 공경하면서 부처님께 여쭈었습니다.

"세존이시여, 오직 원하옵건대 이 곳에 모여 있는

여러 중생들을 위해서 부처님의 명호와 본석 때 발하신 수승한 대원을 설하시어 중생들로 하여금 듣고 난 뒤에는 업장이 소제되게 하시고 여래의 바른 법이 파괴될 때에는 모든 중생을 섭수하여 제도케 하소서."

그 때 바가바께서 만수실리보살을 칭찬하셨습니다.
"착하고 착하도다. 만수실리 크게 자비한 사람아, 그대가 대자대비한 마음으로 나에게 부처님의 명호와 본원공덕을 말해 주기를 청하여 업장에 얽혀 있는 중생들을 업장의 속박에서 벗어나게 하고 모든 중생들을 유익하고 안락하게 하고자 함이니라. 그대는 이제 자세히 듣고 깊이 생각하여라. 그대를 위해서 말해주리라."

만수실리보살이 부처님의 말씀에 기뻐하며,
"그러하옵니다. 세존이시여!"

부처님께서 만수실리보살에게 말씀하셨습니다.
"우리들이 사는 이 불토를 지나 동쪽으로 십 항하사의 불국토를 지나면 한 세계가 있는데 이름은 정유리(淨琉璃)라 하며, 그곳에 부처님이 계시는데 이름을 약사유리광여래응공정변지명행족 선서 세간해 무상사 조어장부 천인사 불세존이라 한다. 만수실리 보살아, 저 세존 약사유리광여래부처님께서는 과거 보살도를 닦으실 때에 모든 중생들로 하여금 원하는 것을 모두 얻도록 십이대원을 발원하셨느니라. 그러면 십이대원은 무엇인가 하면,

 첫번째 대원은 내가 내세에서 바른 깨달음을 얻어 부처가 되면 자신의 광명이 헤아릴 수 없을 정도로 수많은 세계를 두루 비추게 하고, 서른두 가지 장부의 상과 팔십 가지의 아름다운 소호로 내 몸을 장엄하게 꾸민 뒤에는 모든 중생들도 나와 같이 되고 달라지는 사람이 없게 할 것이며,

 두번째 대원은 내가 내세에서 바른 깨달음을 얻게 되면 내 몸이 유리처럼 투명하여 안과 밖이 깨끗하여 다시는 더러운 때가 끼는 일없이 빛이 넓고 크며 위엄과 공덕이 밝아져서 몸이 잘 안주하고 염망이 장엄해서 해와 달보다 훨씬 더 수승하여 만약 세간의 중생들이 어둠속에 빠지거나 어두운 밤에 방향을 모르면 내 광명으로 길을 열어 주어 하고

싶은 일을 하게 할 것이다.

 세번째 대원은 내가 내세에서 바른 깨달음을 얻어 부처가 되면 끝도 없고 변도 없는 지혜의 방편을 가지고 헤아릴 수 없는 모든 중생들로 하여금 필요함을 모두 얻어 한 사람이라도 부족한 일이 없도록 할 것이며,

 네번째 대원은 내가 내세에서 바른 깨달음을 얻어 부처가 되면 이단의 도를 행하는 모든 중생들을 부처님의 바른 깨달음 속으로 인도하여 편안하게 가도록 하며 성문도를 행하거나 벽지불도의 수행을 하는 사람도 모두 대승의 길로 인도하여 편안하게 닦도록 할 것이며,

 다섯번째 대원은 내가 내세에서 바른 깨달음을 얻어 부처가 되면 한량없이 많은 중생들이 우리 불법 가운데서 범행을 수행하면 모두 다 완전한 계율인 삼취정계(三聚淨戒)를 갖추어 지키며 계율을 파괴하는 일이 없이 청정한 계율을 얻어 나쁜 세계에 나아가지 않도록 경계할 것이며,

 여섯번째 대원은 내가 내세에서 바른 깨달음을 얻

어 부처가 되면 모든 중생들 중에서 몸이 하열로 인하여 모든 근이 갖추어지지 못해서 추하고 더러우며 성질은 모질고 어리석으며, 장님·귀머거리·벙어리·손발이 오그라지고, 절름발이·곱추·문둥병·미친 병 등의 온갖 병으로 고통을 당하는 이들이 내 이름을 들은 뒤에는 모두 다 근이 구족해지고 온갖 질병의 고통에서 벗어나도록 할 것이며,

 일곱번째 대원은 내가 내세에서 바른 깨달음을 얻어 부처가 되면 모든 중생들 중에서 온갖 병으로 고통을 당하면서도 치료해 주거나 믿고 의지할 사람이 없고 치료할 의약품도 없으며 친척들이나 편안히 쉴 집도 없고 가난의 고통을 하소연할 곳도 없는 자들이 내 명호를 듣게 되면 온갖 근심이 없어져서 고통과 번뇌에서 벗어나게 하고 나아가서는 무상보리를 얻도록 할 것이며,

 여덟번째 대원은 내가 내세에서 바른 깨달음을 얻어 부처가 되면 만약 모든 여자나 부인이 된 까닭에 온갖 나쁜 일로 고통을 받을 때에는 여자로 태어난 것을 몹시 싫어하여 여신을 버리려 하다가 내 명호

를 들으면 그 즉시 여인의 몸에서 대장부의 모습으로 바꾸고 끝내는 무상보리를 얻도록 할 것이며,

 아홉번째 대원은 내가 내세에서 바른 깨달음을 얻어 부처가 되면 모든 중생들로 하여금 마귀그물에서 벗어나게 하고 여러가지 나쁜 견해에 빠져 있는 중생들을 바른 견해로 인도하여 점차적으로 보살행을 닦아 하루라도 빨리 보살행의 문에 들어가도록 할 것이며,

 열번째 대원은 내가 내세에서 바른 깨달음을 얻어 부처가 되면 모든 중생들이 포악한 왕법에 얽매이어 몸이 묶여 구속되거나 매를 맞거나 옥에 갇혀서 죽을 지경에 이르거나 수많은 재난에 슬픔과 근심에 싸여 몸과 마음이 고통을 받을 때에 내 명호를 들으면 나의 복력으로 일체 재난의 고통에서 영원히 벗어나게 할 것이며,

 열한번째 대원은 내가 내세에서 바른 깨달음을 얻어 부처가 되면 모든 중생들이 배고프고 목이 말라 여러 가지 나쁜 짓을 저지를 때에 내 명호를 들으면 나는 마땅히 맛있는 음식을 가지고 가장 먼저

그들을 배불리 먹도록 해준 다음에 부처님께서 말씀하신 진리의 맛있는 음식을 가지고 끝내는 편안하고 즐거운 세계를 세워줄 것이며,

 열두번째 대원은 내가 내세에서 바른 깨달음을 얻어 부처가 되면 모든 중생들이 가난하여 의복이 없어서 모기와 추위와 더위로 밤낮으로 고통을 받을 때에 내 명호를 들으면 그들이 좋아하는 갖가지 옷을 가지게 하며 모든 보배로 만든 장엄구와 꽃다발, 몸에 바르는 향수, 북과 음악과 여러 가지 재주 등으로 모든 중생의 뒤를 따르게 하며 그것에 소요되는 기구를 갖추어 모두 만족함을 얻게 할 것이다.
이 열두 가지 대원의 큰 소원은 저 세존약사유리광여래 응 정변지가 보살도를 닦으실 때에 본석에서 지은 것이느니라.

 그리고 만수실리보살아, 저 세존이신 약사유리광여래부처님께서 보살도를 닦으실 적에 발원한 대원과 저 불국토의 공덕이 장엄함을 일겁(一劫)이 다하도록 말한다 해도 다 말할 수는 없느니라.

 저 불국토는 항상 깨끗하고 여인의 형체가 없어서

모든 욕심의 악으로부터 벗어나며 또한 일체 악도의 고통 소리도 없고, 땅은 유리로 만들어졌으며 금으로 만든 줄로 도로의 경계선을 표시하였으며 성문·궁전·처마·창문·장엄된 그물 등도 모두 칠보를 가지고 만들었는데 서방 극락국의 공덕장엄과 조금도 차이가 없느니라.

그 나라에는 두 보살마하살이 있는데 일광보살과 월광보살이니라. 두 보살은 무량무수한 보살들 중에서 가장 높은 자리에 앉아 저 세존이신 약사유리광여래부처님의 정법을 모두 간직하고 있느니라. 이러한 까닭에 만수실리보살아, 신심을 지닌 선남자와 선여인은 저 부처님의 국토에 태어나기를 원하는 것이다."

그 때에 세존께서 다시 만수실리보살에게 말씀하셨습니다.

"만수실리보살아, 대부분의 중생들은 선(善)과 악(惡)을 알지 못하여 오로지 탐욕과 인색한 것만을 생각하며, 보시와 보시로 생기는 과보를 알지 못하고 어리석고 무지하며 믿음이 없어서 재물을 모아

지키기만 할 뿐 보시하고자 하지 않는 이들이 있다. 이런 중생들은 걸인이 오면 마음속으로 불쾌하게 생각하여 '자신에게 아무런 이익도 없이 보시할 때에 자기 몸의 살점을 도려내는 것처럼' 몹시 아까워하며, 또 물건이 아까워서 남에게 보시하지 않으며 심지어는 탐내는 마음으로 만족할 줄 모르는 중생들이 있어 재물을 쌓아 놓고서도 자신은 물론이고 부모 처자식을 위해서도 쓰지 못하거늘 하물며 어찌 노비나 걸인들에게 주겠는가? 이러한 중생들은 인간의 생명이 다한 뒤에 아귀도에 떨어지거나 축생도에 태어나게 된다.

이것은 인간 세계에 있을 때에 일찌기 약사유리광여래부처님의 명호를 듣지 못했기 때문이니라. 그러나 이제 아귀의 세계나 축생의 세계와 같은 나쁜 세계에서 잠깐이라도 약사유리광여래부처님의 명호를 생각해내면 곧 저 나쁜 세계에서 인간의 몸으로 태어나며 숙명지를 얻으면 악취의 고통을 두려워하여 탐욕과 쾌락을 즐기지 않고 보시를 즐겨 행하며 보시하는 이를 찬탄하고 자신이 가지고 있는 모든 재산을 욕심내거나 아까워하는 마음없이 보시하고 점차로 자기육신의 머리·눈·손·피 등을 필요로 하는 이들에게 보시하거늘 하물며 그 밖의 재물이겠는가?

그리고 만수실리보살아, 모든 중생들이 여래를 받들고 경전을 받아서 지니더라도 계행을 파하고 정견을 파하기도 하며 혹은 경전을 배워서 금계를 호지하더라도 다문을 구하지 아니하여 부처님이 말씀하신 경전의 깊은 뜻을 분명하게 이해하지 못하며, 또한 부처님의 교법을 많이 듣더라도 깨달음을 얻지 못하고서 깨달음을 이미 얻었다고 잘난체하는 마음을 가지고 자신은 옳고 남들은 그르다 하며 부처님의 바른 교법을 헐뜯고 비방해서 마귀의 패거리가 되기도 한다.

이와 같이 어리석은 사람은 물론이고 사악한 견해를 행하는 헤아릴 수 없이 많은 중생들은 마땅히 지옥으로 떨어질 것이다. 이 모든 중생들은 응당히 지옥·축생·아귀의 세계에 태어나 끊임없이 떠돌아 다니게 되는데 이것은 이 약사유리광여래부처님의 명호를 들을 수 있는 기회가 없기 때문이다. 이와 같이 나쁜 세계에 태어나는 자가 있더라도 본래 세웠던 원(願)의 위력으로 하여금 현재 눈앞에서 잠깐 약사유리광여래부처님의 명호를 떠올릴 수만 있다면 즉시에 고통받는 그 세계에서 명을 마치고 인간세계에 태어나서 바른 견해로 정진하며 순전한 선으로 마음을 깨끗하게 해서 문득 집을 버리고 여래의 가르침을 따라 출가해서 도를 배우며 점차로 보살의 제행을 수행하게 된다.

또한 만수실리보살아, 혹 중생들 가운데는 투기심 때문에 다만 자기 자신만 칭찬하고 다른 사람을 칭찬하지 아니하는 사람이 있다. 이러한 모든 중생들은 자기 자신만을 칭찬하고 남을 가볍게 여기기 때문에 삼악도에 태어나서 수억천년 동안 말할 수 없는 고통을 받게 되느니라. 이 고통을 마치고 사람들이 사는 세계에 태어나더라도 소·말·낙타·노새 등의 몸이 되어 항상 매를 맞으며 배고픔과 목마른 고통 속에서 괴로워하며 등에는 항상 무거운 짐을 지고서 먼길을 걸어가는 고통이 있느니라. 설령 사람으로 태어나더라도 빈천하게 생활하며, 남의 노비가 되어 혹사를 당하므로 항상 자유가 없느니라. 만일 전생에 사람으로 있을 때에 세존이신 약사유리광여래부처님의 명호를 들은 적이 있어 생각을 떠올리는 자는 그 선근 때문에 모든 고통에서 벗어날 뿐만 아니라 제근이 사납고 날카로우며 총명과 지혜가 있고 박식하게 태어나서 항상 수승한 법을 구하며 좋은 벗을 얻어서 사귀어 항상 영원히 수행을 하며 마귀의 그물을 끊고 무명의 껍질을 깨뜨리고 번뇌의 하수를 마르게 하고 일체의 삶과 늙음과 병듬과 죽음과 슬픔과 근심의 고뇌에서 벗어나게 되느니라.

또한 만수실리보살아, 모든 중생들은 이간질하기를 좋아해서 서로 싸우고 송사한다. 이러한 무리들은 악한 마음이 생기는 것을 좋아해서 중생들의 몸과 입과 뜻에 항상 나쁜 짓을 저지른다. 욕심 때문에 끊임없이 이익 없는 일로 상대방을 해칠 것을 생각한다. 혹은 산림(山林)이나 무덤 등의 신들에게 하소연하고 여러 짐승을 잡아 죽이며 그 잡은 고기와 피를 가지고 일체의 야차와 나찰과 고기와 피를 먹는 나쁜 귀신들에게 제사지내며 원망하는 사람의 이름이나 사주를 써 놓고 그 사람의 형상을 만들어서 갖가지 해독과 주술을 성취시키며, 염매와 고도와 시체를 일으키는 귀주로 저 사람의 목숨을 끊게 하거나 몸마저 파괴하려 한다. 그러나 이러한 모든 중생들이 만일 약사유리광여래부처님의 명호를 들은 일이 있다면 모든 나쁜 일은 해악을 끼치지 않고 모두 다 자비심을 일으켜서 사랑하는 마음과 유익한 마음과 혐의하고 원한을 품는 마음이 없어져 저마다 모두 기뻐하며 서로를 이해하고 상대방의 뜻을 받아들이게 된다.

또한 만수실리보살아, 이 모든 사중인 비구와 비구니, 우바새와 우바이 그 밖에 깨끗한 신앙심을 지닌 선남자와 선여인 등이 팔분재를 받아지니고 다시 일년 내지 석달 동안 모든 계율을 받아지키면 이 선근(善根) 때문에 항시 가는 곳마다 즐겁고 기쁘며 원하는 것을 얻을 수 있다.

가령 아미타부처님이 계시는 서방극락세계에 태어

나서 바른 법을 듣고자 한다면, 세존이신 약사유리광여래부처님의 명호를 들은 까닭으로 인하여 명을 마칠 때에 여덟분의 보살이 신통력으로 허공으로 내려와서 서방극락세계로 가는 길을 가르쳐주며 곧 극락세계의 갖가지 기이한 꽃인 바두마화 속에 자연히 태어나게 된다.

또한 이 사람이 천상에 태어나고자 하면 곧 왕생을 얻게 된다. 본석에 성취한 선근(善根)은 다함이 없어서 다시는 다른 나쁜 세계에 태어나지 않을 것이다. 천상의 명이 다하면 다시 인간으로 태어나서 전륜왕이 되어 천하를 통치하는 데 자의대로 다스리고 무량한 백천구지나유타의 많은 중생들을 열 가지 선업(善業)의 도에 편안하게 안주시킬 것이다. 혹은 찰리대족(왕족)과 바라문대족(귀족)과 거사대가에 태어나서 재물과 보배가 창고에 가득하며 형상과 행색이 모두 만족하며 용맹스럽고 건장하고 힘이 세어서 역사(力士)와 같을 것이다.

만일 여인들 중에 약사유리광여래부처님의 명호

를 듣고 지극한 마음으로 받아지니면 이 사람은 뒤에 영원히 여자의 몸을 여의게 될 것이다.

또한 만수실리보살아, 저 약사유리광여래가 보리를 얻을 때의 본원력으로 모든 유정을 보니 무거운 병고를 만나서 몸이 파리해지거나 학질이 걸렸거나 소갈에 걸렸거나 이유없이 몸이 마르거나 황달과 열병 등에 걸려 있을 뿐만 아니라 혹은 염매와 고도의 주술에 걸려서 더러는 단명하고 때로는 횡사하기도 한다.

나는 이러한 무리들의 병고를 말끔히 소제해 주고 구하는 것을 원만하게 이루게 할 것이라고 말씀하시고 그 약사유리광여래께서 삼마지에 들어가시니 그 삼마지를 '일체 중생의 고뇌를 멸제하는 삼마지'라고 불렀다.

이미 선정(禪定)에 들어가시니 정상(頂上)에 있는 육계(肉髻) 가운데서 대다라니(大陀羅尼)를 연설하였다.

그 다라니의 내용은 '나무바가바제 비살 사구로 벽류리바라바 아라사야 다타아다야 아라하제 삼먁삼

불타야 다냐타 옴 비살서비살서 비살사삼모아제 사바하'였다.

 그 때 빛 가운데서 이 주문을 설하여 마치시니 대지가 크게 진동하며 큰 광명이 뻗쳐 나와서 일체 중생의 병으로 받는 고통을 모두 제거해 주어서 안온한 즐거움을 받게 되었다.

 만수실리보살아, 만약 남자나 여자가 병으로 고생하는 자가 보이거든 오직 진실한 마음으로 그 병든 사람을 위해서 깨끗하게 양치질하고 몸을 씻은 뒤 밥이나 약을 먹일 것이며 벌레가 없는 물 즉 깨끗한 정화수를 떠놓고 주문 백팔 번을 외운 뒤 병자에게 약을 마시게 하면 이제까지 병자가 가지고 있던 병이 다 소멸될 것이다.

 그 밖에 다른 소원이 있어서 구하거든 지극한 마음으로 이 주문을 염송하면 모두 뜻대로 얻어져서 병없이 오래 살게 된다.

 또한 이 사바세계의 수명이 다한 뒤에는 저 동방의 정유리세계에 태어나 수도한 바에서 퇴전하지 아니하고 보리를 얻어 성도를 성취하는 데 이를 것이다.

 이러한 까닭으로 만수실리야, 만약 남자나 여인이 있어서 약사유리광여래에게 지극한 마음으로 은중하고 공경하며 공양하는 사람은 당연히 이 주문을 가지고 염송할 것이며 폐지하거나 잊어버리지 말게 하라.

 또한 만수실리보살아, 만약 정진하는 남자와 여인이 있어서 약사유리광여래 응공정등각의 가지신 명호를 얻어 듣고 들은 대로 외우되 새벽에 일어나서 치목(齒木)으로 양치질하여 입 안을 깨끗하게 하고 모든 향불과 가루향과 태우는 향과 바르는 향으로 모든 기교와 음악을 지어서 부처님의 형상에 공양하고 이 경전을 만약 자신이 직접 쓰거나 또는 남을 시켜서 쓴 뒤 마음으로 수지하면 그 내용을 듣고 그 법사(法師)에게 공양을 바치되 일체 생활에 필요한 도구를 모두 보시하여 줄 것이며 조금이라도 생활하는 도구가 부족하여 생활하는 데에 어려움이 있게 해서는 아니된다.

 이와 같이 할 것 같으면 문득 약사유리광여래의

호념과 가피를 입어서 구하는 것을 뜻대로 원만하게 얻을 것이며, 끝내는 무상보리를 얻을 수 있을 것이다.

 그 때에 만수실리보살이 부처님께 말씀드렸습니다.
"세존이시여, 저는 뒷날에 저 세존이신 약사유리광여래부처님의 명호를 깨끗한 신앙심을 지닌 선남자 선여인에게 여러가지 방편으로 유포시켜 듣게 할 것이며, 잠자는 와중이라도 부처님의 명호로 그 귀를 깨닫게 할 것입니다.

 만일 이 약사경을 받아지니고 읽고 외우며 혹은 다른 사람을 위해서 내용을 분별하여 해설하며 진리를 열어 보이고 자신이 손수 베껴 쓰며 남들도 베껴 쓰게 하는 이가 있으면 공경하며, 약사경을 오색비단으로 만든 주머니에 넣어 물을 뿌려 깨끗이 청소한 곳에 높은 자리를 마련하고 받들어 안치하고 여러가지 꽃과 여러가지 향과 가루향과 태우는 향과 꽃다발 영락(瓔珞) 번개(幡蓋) 기악(伎樂) 등으로 공양하면 그 때에 사대천왕이 그 권속들과 그 밖에 많은 하늘의 무리들이 모두 약사경을 안치한

곳에 와서 공양하며 지키고 보호할 것입니다. 이 보배스러운 경전이 있는 곳마다 사람이 있어서 이 경전을 독송하거나 받아지니면 저 세존이신 약사유리광여래 부처님의 본원공덕과 명호를 들을 수 있기 때문에 이곳에는 다시 횡사하는 일이 없고 모든 나쁜 귀신들한테 정기를 빼앗기지 않으며, 설령 빼앗긴 자가 있더라도 다시 이전의 상태로 돌아가서 몸과 마음이 편안하고 즐거울 것입니다."

세존께서 만수실리보살에게 말씀하셨습니다.

"그렇고 그렇다. 만수실리보살아, 네가 말한 것과 같느니라. 만수실리보살아, 만일 깨끗한 신앙심을 지닌 선남자와 선여인이 저 세존이신 약사유리광여래부처님을 공양하고자 하면 이 사람은 응당히 먼저 여래의 형상을 만든 다음 깨끗한 자리를 만들어 모시고 갖가지 꽃을 뿌려서 공양하고 여러가지 향을 피우고 여러가지 비단으로 약사유리광여래부처님의 형상을 모신 곳을 장엄해야 하느니라. 그리고 칠일과 칠야를 팔분재를 받으며, 깨끗한 음식을 먹고 목욕을 깨끗이 하고 깨끗한 새옷을 입고 깨끗한 마음을 가지며, 성내어 님을 해치는 마음이 없으며 일체 중생에 대해서 이익이 되고 안락하며 사랑하고 가엾어하고 기뻐하고 공평하게 대하는 평등한 마음을 일으키고 약사여래의 형상을 오른쪽으로 돌면서 악기를 연주하며 찬탄하는 노래를 불러야 하느니라. 아울러 약사유리광여래부처님의 본원공덕을 생각하고 이 약사경을 찬송하며 그 뜻을 깊이 생각하고 연설하여 진리를 열어 보이면 마음에 좋아하는 것을 구하는 대로 모두 다 얻게 된다. 그러므로 오래 살고자 하면 오래 살 수 있고 부자가 되고 싶으면 부자가 되고 벼슬을 하고자 하면 벼슬을 하고 아들 딸을 얻고자 하면 아들 딸을 얻게 되느니라.

 만일 어떤 사람이 홀연히 나쁜 꿈을 꾸어 온갖 나쁜 모양을 보았거나 혹은 괴상한 새가 날아와서 앉고 혹은 머무는 곳에서 온갖 괴상망측한 일이 발생할 때에 이 사람이 갖가지 미묘한 도구를 가지고 저 세존이신 약사유리광여래부처님을 공양하고 공경하면 나쁜 꿈과 나쁜 모양과 모든 불길한 일들이 다 사라지게 되느니라. 혹시 물, 불, 칼이나 연장,

독충, 험한 낭떠러지, 난폭한 코끼리, 사자, 호랑이, 이리, 작은 곰, 큰 곰, 독사, 전갈, 지네, 그리마 모기 등에 대한 공포감이 있을 때에 만약 지극 정성으로 저 약사유리광여래부처님을 마음 속에 생각하여 공양하고 공경하면 일체 두려움에서 벗어나게 되느니라. 또한 다른 나라 사람이 침략하거나 도적들이 반란을 일으킬 때에도 저 약사유리광여래부처님을 마음속에 생각하여 공경하면 모든 재난에서 벗어나게 되느니라.

 또한 만수실리보살아, 만일 깨끗한 신앙심을 지닌 선남자와 선여인 등이 육신이 다하여 죽는 날까지 부처님의 가르침만을 믿고 다른 하늘을 섬기지 않으며 오직 일심으로 불·법·승 삼보(三寶)에 귀의하여 금계(禁戒)를 받아 지키되 혹 다섯 가지 계율과 열 가지 계율과 보살 일백사계와 비구 이백오십계와 비구니 오백계를 받아 지키다가 잘못으로 계율을 잘 지키지 못하여 나쁜 세계에 떨어지게 되었더라도 저 약사유리광여래부처님의 명호를 오로지 생각하며 공경하고 공양하게 되면 결단코 지옥, 아귀, 축생의 세계에 태어나는 업보를 받지 아니한다. 혹 어떤 여인이 아기를 낳을 때에 말로 표현할 수 없는 극심한 고통을 받는 일이 있더라도 지극한 마음으로 약사유리광여래부처님의 명호를 부르면서 예찬하고 공경하고 공양하면 수많은 고통이 사라지고 태어난 아기도 몸이 건강하며 생긴 모습도 단정하여 보는 이들이 기뻐하고 지능이 총명해서 편안하고 병이 없고 나쁜 귀신들한테 정기를 빼앗기는 일이 없느니라.

그 때 세존께서 혜명아난존자에게 말씀하셨습니다. 아난아, 내가 칭찬한 저 불세존이신 약사유리광여래부처님께서 가지신 공덕을 너는 믿고 받아들이겠느냐? 너는 이와 같은 모든 부처님께서 매우 깊이 행하시는 경계로 분명히 알기가 어려운 것인데 너는 어떻게 생각하느냐?"

그 때 혜명아난존자께서 부처님께 사뢰어 말하였습니다.

"큰 덕을 갖추신 세존이시여, 저는 부처님께서 말씀하신 경전에 대해서 의혹이 없습니다. 왜냐하면 일체 부처님의 몸과 입과 뜻과 행은 청정하지 않음이 없기 때문입니다.

세존이시여, 이 해와 달은 이와 같은 신통이 있으며 이와 같은 큰 위력이 있어서 수미산왕을 그 위에 떨어뜨리더라도 받아서 이동시킬 수 있음과 같이 모든 부처님의 말씀에도 차이가 없습니다. 대덕을 가지신 세존이시여, 모든 중생 가운데서 믿음의 뿌리(信根)를 갖추지 못한 이가 있어, 모든 부처님께서 매우 깊이 행하시는 경계를 듣고도 이러한 생각을 합니다. '어찌하여 약사유리광여래부처님 한 분의 명호만을 생각하여도, 곧 바로 저러한 공덕을 얻는다고 말씀하시는가?' 하여 마음으로 믿고 받아들이지 아니하며 이렇게 믿지 않는 마음으로 말미암아 도리어 비방하는 마음이 생기는 사람이 있는데 이들은 깊은 밤을 걸어가는 것과 같아서 큰 유익함이 없고 앞으로 나쁜 지옥에 떨어질 것입니다."

세존께서 아난존자에게 말씀하셨습니다.

"아난아, 만약 그러한 자라도 만일 세존이신 약사유리광여래부처님의 명호를 지옥에서나마 들으면 이 사람이 이미 악도에 떨어졌더라도 떨어져 있을 곳이 없어진다.

 아난아, 이 모든 부처님의 경계는 매우 믿고 이해하기가 어려운데도 네가 이제 받아들이니 모두가 여래의 위력인 줄을 알아야 하느니라. 아난아, 일체 성문과 벽지불의 경지에 있는 사람이 믿고 소화시킬 일이 아니며, 오직 일생을 보처하는 보살마하살만이 할 일이다.

 아난아, 사람으로 태어나기도 어려우며, 불·법·승 삼보를 믿고 공경하며 존중하기도 또한 어렵다. 또한 저 약사유리광여래부처님의 명호를 듣는 것은 이보다 배나 더 어렵다.

 아난아, 저 세존이신 약사유리광여래부처님의 헤아릴 수 없는 보살행과 헤아릴 수 없는 교묘한 방편과 헤아릴 수 없는 광대한 소원은 내가 일겁 동안 설하더라도 설하지 못할 것이며, 만약 일겁이 다해서 없어지는데 이르더라도 저 약사유리광여래부처님의 대원과 교묘한 방편은 다하지 못할 것이다."

 그 때에 구탈(救脫)이라는 이름을 가진 보살마하살

이 대중 가운데에 있다가 자리에서 일어나 오른 쪽 어깨를 드러내고 오른쪽 무릎을 땅에 꿇고 몸을 굽혀 합장해서 예배하고 부처님께 사뢰어 말하였습니다.

"큰 덕을 갖추신 세존이시여, 미래 세상의 모든 중생들 가운데 갖가지 재난으로 곤란을 당하고 오랫동안 병에 걸려서 몸은 파리하고 수척하며 마시거나 먹지 못해서 굶주림과 갈증 때문에 목과 입술이 바짝 타고 눈에는 보이는 것이 없을 때 부모, 친척, 친구, 평소에 알고 지내던 사람들이 그 사람의 주위를 에워싸고 눈물을 흘리며 임종을 지킵니다. 병든 사람에게 죽음이 임박하면 염마왕의 사자가 그 영혼을 인도하여 염마법왕의 앞에 꿇립니다. 이 사람의 등 뒤에는 동생신이 있어서 그 사람의 일생동안 한 죄업과 복업을 빠짐없이 기록하여 염마법왕에게 바치는데 그 때 염마법왕은 기록되어 있는 것을 근거로 삼아서 그 사람의 일생 동안 지은 죄업과 복업을 하나하나 따져 묻고 계산하여 처분하게 됩니다. 그 때에 이 병든 사람의 친척들과 평소에 알고 지내던 사람들이 저 병든 사람을 위해서 저 세존이신 약사유리광여래부처님께 귀의하게 하고 법에 정한 대로 공양하면 염마법왕의 앞에서 판결받고 있던 영혼은 곧바로 회복되어 돌아오게 됩니다. 그 사람의 영혼이 이 세상에 돌아왔을 때는 꿈속에서 깨어난 것과 같아서 모두 스스로 기억할 수 있을 것입니다.

 혹은 칠일, 이십일일, 삼십오일, 사십구일이 지나서 그 영혼이 이 세상에 돌아왔을 때, 자기가 받은 착한 일과 나쁜 일에 대한 과보를 모두 기억할 수 있을 것입니다. 그렇기 때문에 아무리 어려운 상황에 처하더라도 목숨을 마칠 때까지 나쁜 짓을 저지르지 않습니다. 이러한 까닭으로 깨끗한 믿음을 지닌 선남자와와 선여인 등은 모두 마땅히 약사유리광여래부처님의 명호를 받아지니고 자신의 능력에 따라서 약사유리광여래부처님을 공경하며 공양해야 될 것입니다."

그 때에 혜명아난존자가 구탈보살에게 물었습니다.
"선남자이시여, 저 세존이신 약사유리광여래부처님

을 어떻게 공경하고 공양해야 된다고 하십니까?"

구탈보살이 말하였습니다.

"큰 덕을 갖추신 아난존자이시여, 만약 병을 앓는 사람이 있어 그 병에서 벗어나고자 한다면 칠일 낮과 칠일 밤을 팔분재를 받고 음식과 생활에 필요한 여러가지 물품들을 능력에 맞게 장만하여 저 세존이신 약사유리광여래부처님께 예배하고 공양하며 이 약사경을 마흔아홉 번 독송하고 마흔아홉 개의 등명을 켜야 한다.

저 여래의 불상 일곱 구를 만들고 하나하나의 상 앞에 각각 일곱 등식을 밝히며 일곱 개의 등잔의 크기가 수레바퀴만하게 해서 사십구일 동안 등불이 꺼지지 않도록 하며 오색채단으로 기를 만들되 길이가 사십구척이 되게 합니다.

또한 대덕아난존자이시여, 관정찰리왕등이 자신의 나라에 재난이 일어날 때, 그 재난이라는 것은 이른바 '백성들이 겪는 질병의 고통, 다른 나라의 침략을 받는 전쟁, 국내에서 일어나는 반란군, 천문에서 일어나는 변괴의 어려움, 일식과 월식으로 생기는 어려움, 때아닌 비, 바람의 어려움, 가뭄이 계속되는 어려움' 등입니다. 이러할 때에는 저 관정찰리왕이 마땅히 모든 중생들에게 자비심을 일으켜서 죄수들을 풀어주고 앞서 말한 공양하는 방법에 의해 저 세존이신 약사유리광여래부처님께 공양해야 합니다. 그 때의 관정찰리왕이 이러한 선근을 쓰게 됨은 저 약사유리광여래부처님께서 보살행을 닦으실 때에 수승한 대원 때문이며, 그 나라는 평온해지고 농사에 알맞게 비가 내리고 바람이 불어 들판의 곡식이 잘 익어 풍년이 들고 일체 중생들은 질병의 고통이 사라져서 기쁘고 즐거운 생활을 할 것입니다. 그 나라 안에는 포악한 야차와 나쁜 귀신들이 중생들을 괴롭히는 일이 없어지고 일체 나쁜 일은 즉시 사라집니다. 그러므로 관정찰리왕의 수명과 색력(色力)이 병없이 자재로워져서 모두 증익함을 얻을 것입니다.

아난존자이시여, 만약 황제, 황후, 왕, 왕비, 태자왕자, 대신, 재상, 궁궐의 궁녀, 모든 벼슬아치와 백성들이 병들어 고통을 받거나 그 밖에 재난을 당하게 되면 이 때도 마땅히 약사유리광여래부처님의 형상을 공경을 다해서 만들어서 모신 뒤 그 앞에서 이 경문을 독송하고 등불을 켜고 기를 만들어 세우며 모든 생명을 방생하고 지성으로 공양하며 여러 가지 향을 피우고 꽃을 뿌려서 정성을 다하게 되면 곧 질병의 고통이 깨끗이 사라지며 모든 액난에서 벗어나게 될 것입니다."

그 때에 혜명아난존자가 구탈보살에게 물었습니다.

"선남자이시여, 이미 다한 생명을 어떻게 해야 연장할 수 있다고 하십니까?

구탈보살이 말하였습니다.

"큰 덕을 갖춘 아난존자이시여, 그대는 어찌 여래께서 말씀하신 아홉 가지 횡사가 있다는 말씀을 듣지 못하였습니까? 이러므로 주문과 의약과 방편을 가르쳐 주셨습니다.

"혹 중생들 가운데서 중병에 걸렸으나 의약과 간병해줄 사람이 없으며, 설령 치료해줄 의사를 만나더라도 치료할 시기를 놓쳐서 실제로 죽지 않을 병인데도 죽는 것을 초횡이라 합니다. 이횡은 죄를 짓고 국법에 저촉되어 처형당하는 것이며, 삼횡은 사냥이나 천렵을 좋아하고 술과 여자에 빠져 방탕한 생활을 하고 술에 취하는 것이 도에 지나쳐서 모든 비인이 그 혼백을 해하는 것이며, 사횡은 갑자기 불에 타 죽는 것이며, 오횡은 갑자기 물에 빠져 죽는 것이며, 육횡은 갑자기 사나운 짐승에게 잡아 먹혀 죽는 것이며, 칠횡은 굶주림과 목마름에 곤함을 당해도 끝내 음식을 얻지 못해서 죽는 것이며, 팔횡은 원한이 있는 사람의 기도나 독약으로 시체나 귀신을 일으켜서 해를 당하는 일이며, 구횡은 바위나 절벽에 떨어져서 죽는 일입니다. 이와 같은 아홉 가지 횡사가 가장 큰 것이고, 그 밖에도 한없는 횡사가 또 있습니다.

또한 아난존자이시여, 저 염마대왕은 세간에 살고 있는 모든 중생들의 명적을 가지고 모든 유정들 가운데서 불효함과 오역죄와 불·법·승 삼보를 비방하여 욕되게 하고, 국가의 법질서를 파괴하여 군신의 질서를 문란하는 죄와 금계를 파기하는 것과 같은 것을 기록해 두었다가 그가 지은 죄의 경중에 따라서 염마대왕이 조사한 뒤에 벌을 주게 됩니다.

 이러하므로 내 지금 모든 유정들에게 등불을 켜고 기를 만들어 달며, 방생으로 복을 짓도록 권하고 청하여 그들로 하여금 고액을 제도하게 하고 다른 액난을 만나지 못하게 하는 것입니다."

 이 때 대중 가운데서 열두 야차대장이 있어 모두 법회에 참석해 있었으니 이른 바, 궁비라대장, 발절라대장, 미가라대장, 안나라대장, 안달라대장, 마열라대장, 인타라대장, 바이라대장, 마호라대장, 진달라대장, 초도라대장, 비계라대장입니다. 이들 열두 야차대장에게는 저마다 칠천 명의 야차를 권속으로 삼고 거느리고 있는데 동시에 소리를 모아 부처님께 말씀드렸습니다.

 "세존이시여, 저희들은 이제 부처님의 위신의 힘을 입어 세존이신 약사유리광여래부처님의 명호를 듣고 다시는 나쁜 세계에 떨어질 두려움이 없어졌습니다. 저희들은 서로 모두가 한 마음이 되어 목숨이 다할 때까지 불·법·승 삼보에 귀의하겠습니다. 그리고 맹세코 모든 중생들을 책임지고 옳고 의로운 일로 유익하고 안락하게 하겠습니다. 어떠한 마을이나 취락과 아난나처에도 따라다니면서 이 약사경을 널리 유포하고 또는 약사유리광여래부처님의 명호를 부르며 친근히 하고 공경하고 공양하는 사람이 있다면 저희 권속들은 이러한 사람을 보호하여 지키고 일체의 고난에서 벗어나게 하여 모든 요구를 만족하게 들어줄 것입니다."

그 때에 세존께서 모든 야차대장의 말을 칭찬하여 말씀하셨습니다.

"착하고 착하도다. 대야차대장아, 너희들이 세존이신 약사유리광여래부처님의 은덕을 생각한다면 모든 중생들을 이익되고 안락하게 해야 한다."

그 때에 혜명아난존자가 부처님께 말씀드렸습니다.

"세존이시여, 이 법문의 이름은 무엇이며 어떻게 받들어 지녀야 합니까?"

세존님께서 아난존자에게 말씀하셨습니다.

"아난아, 이 법문은 이름을 약사유리광여래 본석소발수승대원이라 한다. 이와 같이 봉지할 것이며 또한 이름을 십이야차대장자서라 한다. 이와 같이 봉지할 것이며 또는 정일체업장이라고도 하니 이와 같이 봉지해야 한다."

이 때에 바가바께서 이 말씀을 설하고 마치시자 모든 보살마하살과 모든 대성문, 국왕, 대신, 바라문 거사, 일체 대중, 아수라, 건달바 등이 부처님의 설하신 말씀을 듣고 기쁘게 받들어 행하였습니다.

도서출판 窓의 "무량공덕" 시리즈

제1권 **금강경**, 무비스님 편저
제2권 **천수·반야심경**, 무비스님 편저
제3권 **부모은중경**, 무비스님 편저
제4권 **목련경**, 무비스님 편저
제5권 **천수·금강경**, 무비스님 편저
제6권 **천수·관음경**, 무비스님 편저
제7권 **관세음보살보문품**, 무비스님 편저
제8권 **금강·아미타경**, 무비스님 편저
제9권 **불설아미타경**, 무비스님 편저
제10권 **예불문**, 무비스님 편저
제11권 **백팔대참회문**, 무비스님 편저
제12권 **약사여래본원경**, 무비스님 편저
제13권 **지장보살예찬문**, 무비스님 편저
제14권 **천지팔양신주경**, 무비스님 편저
제15권 **보현행원품**, 무비스님 편저
제16권 **지장보살본원경(상)**, 무비스님 편저
제17권 **지장보살본원경(하)**, 무비스님 편저
제18권 **무상법문집**, 무비스님 편저
제19권 **대불정능엄신주**, 무비스님 편저
제20권 **수보살계법서**, 무비스님 편저

☼ "**무량공덕**" 시리즈는 계속 간행됩니다.

☆ 법보시용으로 다량주문시 특별 할인해 드립니다.

☆ 원하시는 불경의 독송본이나 사경본을 주문하시면 정성껏 편집·제작하여 드립니다.

◆무비(如天 無比)스님

- 전 조계종 교육원장
- 범어사에서 여환스님을 은사로 출가
- 해인사 강원 졸업
- 해인사, 통도사 등 여러 선원에서 10여년 동안 안거
- 통도사, 범어사 강주 역임
- 조계종 종립 은해사 승가대학원장 역임
- 탄허스님의 법맥을 이은 강백
- 화엄경 완역 등 많은 집필과 법회 활동

▶저서와 역서

『금강경 강의』, 『보현행원품 강의』, 『화엄경』, 『예불문과 반야심경』, 『반야심경 사경』 외 다수.

약사여래본원경

초판 8쇄 발행일 · 2023년 7월 20일
초판 8쇄 펴낸날 · 2023년 7월 25일
편 저 · 무비 스님
펴낸이 · 이규인
편 집 · 천종근
펴낸곳 · 도서출판 窓
등록번호 · 제15-454호
등록일자 · 2004년 3월 25일

주소 · 서울특별시 마포구 대흥로 4길 49, 1층(용강동 월명빌딩)
전화 · 322-2686, 2687 / 팩시밀리 · 326-3218
e-mail · changbook1@hanmail.net
홈페이지 · (http://www.changbook.co.kr)

ISBN 89-7453-123-2 03220
정가 5,000원

* 파손된 책은 구입하신 서점이나 《도서출판 窓》에서 바꾸어 드립니다.
☞ **염화실**(http://cafe.daum.net/yumhwasil)에서 무비스님의 강의를 들을 수 있습니다.